OH !
SI TU DÉCHIRAIS LES CIEUX
ET SI TU DESCENDAIS…

NOËLLE QUERRET

OH !
SI TU DÉCHIRAIS LES CIEUX
ET SI TU DESCENDAIS…

Trente-cinq regards

sur l'œuvre de Jésus

Conception graphique: Noëlle Querret
Polices de caractère : Gar-A-Mond Tall, Walkway,
Clemente, Homizio.

Traductions bibliques : Louis Segond

Édition : BoD - 12/14 Rond-point des
Champs Élysées - 75 008 Paris
Imprimé par BoD – Norderstedt ; Allemagne
Dépôt légal : Mai 2016
© 2016 Noëlle Querret – Droits réservés

ISBN : 9782810617227

*À tous ceux qui refusent
l'idée même de Dieu*

*À tous ceux qui Le cherchent
À tous ceux qui doutent encore*

À tous ceux qui L'ont rencontré

AVIS AU LECTEUR

La Bible,
livre de Dieu offert à l'humanité, lettre ouverte au croyant comme à l'incroyant, est la trame de cet ouvrage, son fil conducteur. Elle est l'inspiratrice et la finalité de ces pages qui la diffusent largement sous la forme de versets écrits en italique, tous tirés des versions Louis Segond.

L'espoir non dissimulé de l'auteur est que ces différents épis glanés çà et là au fil de cette Parole, éveillent une faim spirituelle chez le lecteur non encore accoutumé à fréquenter les chemins bibliques, et le conduisent peu à peu à ouvrir les pages du **Livre.**

« L'homme ne vivra pas de pain seulement, mais de toute parole qui sort de la bouche de Dieu ».

Matthieu 4:4

« Le ciel et la terre passeront, mais mes paroles ne passeront pas ».

Marc 13:31

PRÉFACE

« Oh ! Si tu déchirais les cieux et si tu descendais!»[1] s'écriait Ésaïe dans sa détresse, tandis que de son côté, Dieu avait déjà programmé le plan du salut rédempteur, de concert avec son Fils : *« Voici, je viens pour faire, ô Dieu, ta volonté »*[2].

Deux cœurs assoiffés, celui de l'homme perdu et celui du Dieu Sauveur, assoiffé de délivrance pour le premier, assoiffé de rédemption pour le second. Voilà résumée en deux versets, la destinée de l'humanité depuis son état de perdition jusqu'au plan du salut éternel.

Nombre de nos contemporains ont tourné le dos ou tout simplement négligé, peut-être dédaigné, l'œuvre de rachat accomplie sur la croix par celui qui

---

[1] Ésaïe 63:19
[2] Hébreux 10:7

I

« *n'avait ni beauté ni éclat pour attirer nos regards* » et qui « *a été frappé de Dieu, humilié, blessé pour nos péchés* »[3].

Pourquoi s'intéresser à un évènement qui s'est déroulé dans des temps si lointains et qui est d'ailleurs remis en cause par beaucoup de ceux qui ne veulent ni Dieu ni maître ?! Tout simplement parce que cet évènement nous concerne encore quelque deux mille ans plus tard et qu'il y va de notre éternité. La Bible précise : « *Il est réservé aux hommes de mourir une seule fois, après quoi vient le jugement* »[4].

Job déplorait qu'il n'y ait pas *d'arbitre* entre lui et Dieu pour défendre sa cause, regrettait que celui-ci ne soit pas un homme *pour aller en justice avec lui* [5], mais Dieu, de toute éternité, avait prévu un médiateur pour défendre l'homme

---

[3] Ésaïe 53:2- 4-5
[4] Hébreux 9:27
[5] Job 9:32-33

pécheur, et ce médiateur, porte-parole à la fois de la cause humaine et de la cause divine, a ouvert pour nous les portes de la grâce.

« Comment [alors] échapperons-nous en négligeant un si grand salut ?»[6]

Le souhait brûlant d'Ésaïe a été exaucé ! Jésus-Christ, « Dieu fait homme », est descendu vers nous !

Puissent ces pages interpeller ceux qui ne Le connaissent pas et encourager ceux qui vivent déjà dans son intimité.

Noëlle Querret

---

[6] Hébreux 2:3

TABLE DES TEXTES

Épilogue

IL EST
NOTRE REFUGE

Références bibliques

Hébreux 4:16 – 6:18b

*« Approchons-nous avec assurance
du trône de la grâce … nous dont
le seul refuge a été de saisir
l'espérance qui nous était proposée ».*

Quelle paix sécurisante émane de ces versets ! Ils illustrent à merveille combien Dieu peut être un refuge pour nous (Psaume 119:114) et combien grande est l'efficacité de ce refuge puisqu'il s'ouvre sur une espérance d'éternité.

Mais pourquoi avons-nous besoin d'un refuge ? Sommes-nous en danger ? Dieu est-il accessible au point que nous pouvons trouver en lui une protection assurée ? Oui ! C'est la Bible qui le dit. La sainteté de Dieu déclare que nous sommes morts à cause de nos péchés (Éphésiens 2:1), sa justice décrète que nous sommes donc condamnés à passer l'éternité dans les tourments loin de lui, mais son amour intervient et proclame que *« l'acte dont les ordonnances nous condamnaient a été cloué à la croix »* (Colossiens 22:4) en la personne de son Fils, Jésus-Christ. Les pécheurs que nous sommes sont ainsi graciés et invités à entrer dans Son salut en empruntant le chemin de la repentance au travers de cette porte d'espérance qu'est Jésus : *« Je suis la porte. Si quelqu'un entre par moi, il sera sauvé »* (Jean 10:9).

Celui qui a déchiré les cieux pour venir nous sauver, qui a *«livré sa vie en sacrifice pour nos péchés»* (Ésaïe 63:19 ; 53:10) se donnant *« en rançon pour tous »*, est le même que Dieu a *« ressuscité des morts pour notre justification »* (Romains 4:25) et *« fait asseoir pour toujours à sa droite »* lui donnant toute autorité dans le ciel et sur la terre : *« Dieu a déployé sa puissance en Christ, en le ressuscitant des morts, et en le faisant asseoir à sa droite dans les lieux célestes, au-dessus ... de tout nom qui se peut nommer, non seulement dans le siècle présent, mais encore dans le siècle à venir »* (Éphésiens 1:20).

Jésus devient ainsi notre assurance, car la Bible affirme qu'*« il n'y a sous le ciel aucun autre nom qui ait été donné parmi les hommes par lequel nous devions être sauvés »* (Actes 4:12).

Ne voulez-vous pas vous réfugier en lui pour répondre à la grâce qui vous est offerte ?

L'OBÉISSANCE
QUI NOUS JUSTIFIE

Référence biblique

Romains 5:12-21

« Comme par la désobéissance
d'un seul homme
beaucoup ont été rendus pécheurs,
de même par l'obéissance d'un seul
beaucoup seront rendus justes ».

La sentence divine s'est appliquée. Elle demeure et demeurera immuable.

Dieu avait dit à Adam, après lui avoir donné le jardin d'Éden à garder et à cultiver : « *Tu pourras manger de tous les arbres du jardin mais tu ne mangeras pas de l'arbre de la connaissance du bien et du mal, car le jour où tu en mangeras, tu mourras certainement* » (Genèse 2:16). Et ce jour arriva, jour de désobéissance où le serpent séducteur sema le doute dans l'esprit d'Ève et d'Adam, leur insufflant l'idée d'être *comme* Dieu (Genèse 3:1 à 6). Aussitôt, *leurs yeux s'ouvrirent, ils connurent qu'ils étaient nus… et ils allèrent se cacher loin de la face de l'Éternel* ».

La sentence divine fut sans appel. Le péché venait d'entrer dans le monde, d'atteindre tous les hommes. Avec lui, allaient apparaître la mort et le lot de souffrances que nous connaissons.

L'homme était-il perdu à jamais, condamné à vivre dans la douleur et à être éternellement séparé du Créateur ? Non, car aussi terrible et irrévocable que soit la sentence de Dieu, aussi grand et insondable est son amour. C'est ainsi qu'il envoya un Sauveur en la personne de son Fils unique, Jésus-Christ, qui offrit sa vie sur la croix en expiation de nos péchés. *« Dieu fit retomber sur lui l'iniquité de nous tous ... Christ, au temps marqué, est mort pour nous »* (Ésaïe 53:6 ; Romains 5:6).

L'efficacité de son sacrifice est attestée :
« Christ nous a rachetés de la malédiction de la loi, étant devenu malédiction pour nous (Galates 3:13) ; *Il est devenu... l'auteur d'un salut éternel »* (Hébreux 5:9).

« Comme par la désobéissance d'un seul homme, beaucoup ont été rendus pécheurs, de même par l'obéissance d'un seul, beaucoup seront rendus justes ».

Ainsi, *« s'étant rendu obéissant jusqu'à la mort »*(Philippiens 2:8), Jésus a ouvert pour chaque être humain, la porte de la grâce et de la justification.

Ne voulez-vous pas l'emprunter ?

LA BREBIS PERDUE

Référence biblique

Luc 15:3-7

« *Le Fils de l'homme est venu sauver
ce qui était perdu* ».

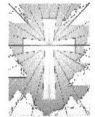

P eut-être avancez-vous dans un désert relationnel où règnent la détresse, l'incompréhension, les problèmes. Votre cœur est comme une terre craquelée par la souffrance et vous avez soif de consolation, de réconfort.

La Bible nous raconte l'histoire d'une brebis.

Elle faisait partie d'un magnifique troupeau guidé par un berger attentionné, rempli de tendresse pour ses cent brebis. Il les faisait paître dans les meilleurs endroits, les protégeait du danger, participait à leur vie jour après jour, mais un soir, il s'aperçut qu'il en manquait une.

Certes, il lui en restait 99 et il aurait pu se désintéresser du sort de la dernière, mais son cœur fut bouleversé, et en pleine nuit, il s'en alla à sa recherche. Il fouilla les haies, écarta les buissons, longea les ruisseaux, appela, mais en vain. Allait-il abandonner ? Non ! Il persévéra, appela encore, et soudain, un faible bêlement parvint à son oreille : il l'avait reconnue, c'était elle, sa brebis, sa centième ! Elle était là, blessée sur le chemin, n'ayant plus de force pour avancer. Bouillonnant de joie, il s'approcha d'elle, la mit délicatement sur ses épaules et reprit le chemin de la bergerie.

Jésus est vivant et il est parti à votre recherche !

Il vous a déjà appelé maintes fois au travers des circonstances de votre vie, mais vous avez laissé sa voix être recouverte par votre obstination à diriger vous-même votre barque. Il continue à *« longer les haies »* (Luc 14:23), à dresser l'oreille pour entendre votre appel. Allez-vous laisser échapper votre plainte ? Même si elle n'est qu'un murmure, elle parviendra jusqu'à lui, car *«il est attentif, il écoute »* (Jérémie 8:6), *« il entend le cri du malheureux »* (Psaume 34:7).

« Je suis le bon berger. Sans moi, vous ne pouvez rien faire » nous dit-il. Alors, ouvrez-lui votre cœur. Il vous mettra sur ses épaules et prendra soin de vous, la brebis perdue, la brebis retrouvée.

L'INSENSÉ

Référence biblique

Psaume 14:1

*« L'insensé dit en son coeur :
il n'y a point de Dieu ».*

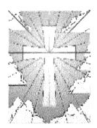

Il y a quelques années, une étude menée dans 143 pays, par l'institut américain Gallup, sur l'importance de la religion, informait que la France se situait dans les dix pays les moins croyants du monde. En 2012, une association de sondages établissait qu'un tiers des Français se déclaraient « non religieux » et un autre tiers « athées ».

Une approche objective de la question s'impose. Si Dieu n'existe pas, l'homme est le fruit du hasard et l'aboutissement d'un processus évolutif pour le moins « miraculeux » qui a fait de lui cet être merveilleux qu'il est ! Si Dieu existe, l'homme est sa création ainsi que tout l'univers : « *Les perfections invisibles de Dieu… sa divinité, se voient comme à l'œil nu depuis la création du monde quand on les considère dans ses ouvrages »* (Romains 1:20).

Isaac Newton a dit : « En l'absence de toute autre preuve, la considération de mon pouce suffirait à me prouver l'existence de Dieu ».

« *L'insensé dit en son cœur : il n'y a point de Dieu* ». Dieu existe et il a parlé : « *L'Éternel, du haut des cieux, regarde les fils de l'homme pour voir s'il y a quelqu'un qui cherche Dieu. Tous sont pervertis ; il n'en est aucun qui fasse le bien* » (Psaume 14:2). Terrible constat n'est-ce pas ! Mais ce n'est pas tout : « *Les hommes sont donc inexcusables, puisque ayant connu Dieu*, [par sa création] *ils ne l'ont point glorifié* ». La conséquence est inévitable : « *La colère de Dieu se révèle du ciel contre ... toute injustice des hommes qui retiennent injustement la vérité captive* », et la sentence tombe : « *Celui qui ne croira pas sera condamné* » (Marc 16:16).

« *Si vous ne croyez pas ce que je suis, vous mourrez dans vos péchés* » prévient Jésus (Jean 8:24).

Ne soyez pas un insensé ! Pour échapper à ce jugement, demandez à Dieu de venir au secours de votre incrédulité. Il le fera, car il vous aime : « *Ceux qui espèrent en moi ne seront point confus* » vous dit-il (Ésaïe 49:23). Croyez-le !

FERMEZ L'USINE À SOUCIS !

Référence biblique

Psaume 13:3

*« Jusqu'à quand aurai-je des soucis
dans mon âme ? »*

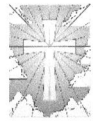

Nous rencontrons de plus en plus de personnes dont le cœur est vide de joie, de paix, de spontanéité, car rempli de questions insolubles, de problèmes inextricables. Elles ont l'impression que presque malgré elles, une usine à soucis fonctionne 24 heures sur 24. Pas un moment de relâche. C'est comme une fourmilière en plein travail, rien ne semble devoir l'arrêter, et plus les jours passent, plus les soucis grandissent, moins les solutions se présentent… Elles se retrouvent comme emprisonnées, incapables de faire face.

Si cet état de cœur dépeint votre être intérieur, si vous êtes fatigué de vivre dans le combat et la défaite, ne désespérez pas, car quelqu'un peut vous venir en aide. Fermez quelques instants les portes de l'usine à soucis et dirigez votre attention vers Jésus, le Fils de Dieu, qui a un message d'espérance à vous communiquer : *« Venez à moi, vous tous qui êtes fatigués et chargés, et je vous donnerai du repos »* (Matthieu 11:28). Il désire vous attirer à lui pour vous délivrer, vous faire sortir de votre prison mentale. Lorsqu'il mourait sur la croix, c'était pour vous apporter le salut, vous donner une vie nouvelle et vous permettre d'obtenir des victoires.

« Déchargez-vous sur lui de tous vos soucis, car il prend soin de vous » (1 Pierre 5:7).

Ne portez plus votre fardeau, il vous écrase ! Déposez-le aux pieds de votre Sauveur, car sur la croix, Il l'a déjà porté et en a été victorieux !

Le psalmiste disait : « *Jusqu'à quand aurai-je des soucis dans mon âme ?* » mais il ajoutait : « *J'ai confiance en ta bonté* » (Psaume 13:6).

Alors, levez les yeux vers Jésus, abandonnez-lui votre passé, votre présent, votre avenir. Il vous attend les bras ouverts, prêt à essuyer toutes les larmes de votre cœur. Écoutez-le vous dire maintenant : « *Ne crains point, crois seulement* » (Marc 5:36).

LE CADEAU DE DIEU (1)

Référence biblique

Luc 2:11

*« Il vous est né un Sauveur
qui est le Christ, le Seigneur ».*

Avez-vous vu à l'approche de Noël, combien les rues de nos centres-villes fleurissent de mille lumières, combien les vitrines des magasins ne savent plus quoi inventer pour s'habiller de leurs plus jolies parures, combien les guirlandes de toutes couleurs abondent au milieu d'étoiles scintillantes ? Tout est métamorphosé. Tout a revêtu un manteau de fête et on sent flotter un vent de réjouissances. Les gens eux-mêmes semblent mettre leurs soucis de côté, et à défaut d'ouvrir leurs cœurs, ouvrent leurs porte-monnaie pour offrir des cadeaux à ceux qui leur sont chers.

Quelle est donc cette fête pour laquelle les hommes font tant de folies ?

L'origine, hélas, en a été oubliée ! Elle est pourtant l'occasion de célébrer l'anniversaire de celui qui, de son trône céleste, a vu la misère des hommes et a résolu de les sauver, de celui qui a quitté son royaume pour venir sur notre terre, et qui, *« de riche qu'il était, s'est fait pauvre pour nous »* (2 Corinthiens 8:9).

C'est cela Noël : la venue de Dieu parmi les hommes. Ce n'est pas une légende, c'est la plus belle histoire d'amour qui ait existé, le plus beau cadeau que nous ayons pu recevoir, cadeau venant directement des mains de Dieu : Jésus-Christ, homme parmi les hommes…

Qu'avez-vous fait de ce cadeau de Dieu ?

L'avez-vous rejeté avec mépris, considéré comme négligeable, réservé à ceux qui ont été élevés dans une religion ? Ce cadeau vous a pourtant été offert à vous *personnellement*.

Voyez ce que dit la Bible : *« Dieu a tant aimé le monde qu'il a donné son fils unique, afin que quiconque croit en lui ne périsse point, mais qu'il ait la vie éternelle »* (Jean 3:16).

Vous êtes ce « quiconque ».
Noël, c'est la naissance de Jésus, *votre* Sauveur, qui vous a aimé au point de donner sa vie pour *vous*.

LE CADEAU DE DIEU (2)

Référence biblique

Ésaïe 9:5

« *Car un enfant nous est né,
un fils nous est donné* ».

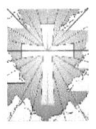

25

Noël, c'est la naissance de Jésus, *votre* Sauveur, qui vous a aimé au point de mourir pour *vous* car, ne restez pas à la crèche : le « petit Jésus » a grandi. Il est devenu un enfant, puis un homme. Suivez-le sur le chemin et vous verrez, au bout de ce chemin, une croix dressée entre ciel et terre, et sur cette croix, le Fils de Dieu couronné d'épines, cloué, ensanglanté, implorant son Père de pardonner à ses bourreaux, et terminant sa vie en disant : *« Tout est accompli ».*

Jésus est venu sur la terre pour accomplir une mission de réconciliation entre son Père et chacun de nous, pour signer une déclaration de paix, et il nous a ainsi ouvert la porte du Ciel.

Sa naissance n'avait d'autre but que sa mort et sa résurrection, car suivez-le encore sur le chemin et vous verrez son tombeau vide. La Bible déclare qu'il est ressuscité et qu'il est maintenant notre avocat auprès de Dieu.

Noël, c'est plus qu'une tradition, plus qu'une religion : c'est Dieu vivant parmi nous, qui console ceux qui ont le cœur brisé et qui apporte une espérance éternelle à chacun.

Noël, c'est la Bonne Nouvelle, celle que vous n'êtes plus seul avec vos problèmes, car Jésus est la réponse à votre faiblesse, à votre angoisse, à votre solitude.

Noël, c'est l'incomparable geste d'amour d'un Dieu qui offre sa vie pour nous permettre de vivre dans sa grâce.

Qu'allez-vous faire de ce cadeau de Dieu ? Le refuser, y penser deux ou trois fois durant l'année ou l'accepter avec reconnaissance en disant : « Dieu, je ne te connais pas, j'ai seulement entendu parler de toi, mais je viens de réaliser pleinement que tu as donné ton Fils pour moi, alors, je veux t'accepter dans ma vie… et te faire moi aussi un cadeau, le seul que tu puisses accepter : Je te donne mon cœur ».

IL A ÔTÉ NOTRE CONDAMNATION

Référence biblique

Éphésiens 2:14

« Il a renversé le mur de séparation ».

Lorsque la sentence définitive de la condamnation tombe, le coupable ne peut y échapper et il devra s'acquitter de sa dette financière ou carcérale « jusqu'au dernier carat ».

Savez-vous que vous êtes condamné ? Déroutante nouvelle, n'est-ce pas ! Et pourtant, votre nom figure bien dans le dossier d'un juge, un décret stipule bien que vous êtes coupable et une loi exige bien que vous alliez vous asseoir sur le banc des accusés. Cette loi n'a pas été écrite par la main des hommes ; elle l'a été par le doigt de Dieu !

Écoutez ce que la Bible déclare : *« Vos crimes mettent une séparation entre vous et Dieu… Vos péchés vous cachent sa face…*

C'est pourquoi l'arrêt de délivrance est loin de nous... » (Ésaïe 59:2-9). Loin de nous la possibilité d'entrer en contact avec Dieu ! Loin de nous l'espoir de plaider notre cause ! *« Tous ont péché et sont privés de la gloire de Dieu... la condamnation a atteint tous les hommes »* est-il précisé (Romains 3:23 ; 5:18).

Mais tout en annonçant la terrible ordonnance, la Bible déclare aussi que Dieu, dans son amour, a ouvert en notre faveur, une porte de délivrance en la personne de son Fils Jésus. Il est venu du ciel se donner en sacrifice et payer par sa mort sur la croix, la dette de notre péché. *« Il a renversé le mur de séparation »* (Éphésiens 2:14) qui nous empêchait de nous approcher de Dieu, et il a scellé par son sang, une alliance de pardon et de paix avec tous les hommes : *« Nous avons été réconciliés avec Dieu par la mort de son fils »* (Romains 5:10).

« Vous avez été rachetés de la vaine manière de vivre non par ... de l'or ou de l'argent, mais par le sang précieux de Christ » (1 Pierre1:18-19).

Notre condamnation a ainsi été ôtée et nous pouvons quitter le banc des accusés.

Une condition, cependant, est à remplir pour que notre nom soit effacé du dossier du juge : faire de Jésus notre avocat. Le voulez-vous ?

J'IRAI VERS MON PÈRE !

Référence biblique

Luc 15:11-24

*« Le père le vit de loin
et fut ému de compassion ».*

Lorsque nous avons vécu notre vie loin de Dieu, sans éprouver le moins du monde le besoin de l'y faire participer, il peut arriver qu'après un certain nombre d'années vécues en « autonomie assumée », nous nous laissions aller à redéfinir les questions existentielles et à porter crédit au concept de Dieu. Peut-être nous en étions-nous éloignés car, enseveli par les traditions religieuses, cet être suprême ne nous paraissait plus crédible ; peut-être était-ce tout simplement pour nous extraire à sa pressante influence ; peut-être encore, était-ce l'inévitable résultat d'une éducation où Il n'avait jamais eu sa place. Revenir à Dieu est toujours une démarche positive, mais une crainte peut nous arrêter : « Nous accueillera-t-il ? »

La Bible raconte l'histoire de ce jeune homme rebelle qui demanda à son père sa part d'héritage et qui partit loin de lui, vivre sa vie dans les plaisirs du monde jusqu'à ce qu'une famine ne vienne annihiler ses exigences d'indépendance, et ne l'incite à revenir « à la maison», repentant, dans un état d'indigence et de souffrances extrêmes : *«Étant rentré en lui-même... il dit : Je me lèverai, j'irai vers mon père et je lui dirai : J'ai péché contre le ciel et contre toi, je ne suis plus digne d'être appelé ton fils »* (Luc 15:17-19).

Il est écrit que *« son père le vit de loin »,* qu'il courut vers lui, *ému de compassion,* et qu'il organisa de grandes réjouissances pour son retour !

Quels que soient nos fautes, nos errements, la distance que nous avons mise entre lui et nous, nous pouvons toujours compter sur l'accueil favorable de Dieu et son pardon si nous revenons à lui, mus par la repentance, pleinement conscients de nos besoins, entièrement résolus à changer de vie : « *Que le méchant abandonne sa voie, et l'homme d'iniquité ses pensées ; qu'il revienne au Seigneur qui aura compassion de lui, à Dieu qui ne se lasse pas de pardonner* » (Ésaïe 55:7).

Ne voulez-vous pas, vous aussi, aller vers ce Dieu miséricordieux qui n'attend qu'un mot de vous pour devenir votre Père ?

COMMENT TOURNER LA PAGE ?

Référence biblique

2 Corinthiens 5:17-21

« *Si quelqu'un est en Christ,
il est une nouvelle créature* ».

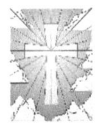

Lamartine écrivait : « Le livre de la vie est le livre suprême qu'on ne peut ni fermer ni rouvrir à son choix… ».

Notre vie, il est vrai, s'ouvre devant nous comme les pages d'un livre. Chaque matin, une nouvelle page se tourne et chaque soir, cette page déjà lue fait partie du passé. Que de souvenirs sont là dans notre mémoire, les uns libérateurs et remplis de soleil, les autres oppressants et remplis de ténèbres. Combien parfois, nous voudrions rayer certaines décisions prises, certains échecs essuyés, et tous ces regrets croissent dans le jardin de notre cœur, arrosés par nos larmes, nourris par nos insomnies…

Tourner la page !

Comme nous aimerions pouvoir le faire, comme nous souhaiterions que des sentiments nouveaux nous habitent, qu'un cœur tout neuf nous soit donné, mais plus nous cherchons à être différents, plus nous restons semblables à nous-mêmes ! La Bible ne dit-elle pas : *« Un Éthiopien peut-il changer sa peau et un léopard ses taches ? De même, pourriez-vous faire le bien, vous qui êtes accoutumés à faire le mal ?»* (Jérémie 13:23).

Nous sommes impuissants à changer notre être intérieur, à gommer pour toujours ce qui nous pèse : *«Mieux vaut chercher un refuge en l'Éternel que de se confier en l'homme»* (Psaume 118:8). Mais quelqu'un peut le faire à notre place, quelqu'un qui a lu toutes les pages du livre de notre vie, même celles que nous voudrions déchirer : ce quelqu'un est Jésus-Christ, venu sur la terre il y a deux mille ans dire aux hommes combien il les aimait ! Il est vivant, *« il fait toutes choses nouvelles ; il accomplit des merveilles »* (Apocalypse 21:5 ; Psaume 77:15).

Accordez-lui votre confiance, apportez-lui vos échecs, vos pensées ténébreuses. Il les fera disparaître, effacera jusqu'à la blessure de leur souvenir et ouvrira devant vous un chemin de délivrance, car *« si quelqu'un est en Christ, il est une nouvelle créature ».*

SOLITUDE

Référence biblique

Matthieu 28:20

« Je suis avec vous tous les jours
jusqu'à la fin du monde ».

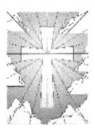

La Fondation de France publiait en 2012 un rapport qui indiquait que la solitude touchait près de cinq millions de personnes sans distinction de sexe, de profession ou de lieu d'habitation, et que le troisième âge comme les plus jeunes, les actifs comme les travailleurs précaires étaient concernés. Ce rapport précisait aussi que, paradoxalement, dans cette société où la communication se fait partout et à tout instant, il apparaissait de plus en plus difficile de construire des relations autres que strictement professionnelles avec les collègues.

Peut-être vivez-vous cette solitude pleine d'insécurité et avez-vous la douloureuse sensation de n'exister pour personne, de ne pouvoir créer des liens avec quiconque. Vous appelez de vos vœux un véritable ami, mais personne ne vient frapper à votre porte pour deviser avec vous.

Dieu désire vous secourir. Votre vie qui vous semble si fade, si inutile, a du prix à ses yeux (Ésaïe 43:4) et il veut l'enrichir de sa présence. Il a dit : *« Je mettrai un chemin dans le désert et des fleuves dans la solitude » ; «La solitude s'égaiera et fleurira comme un narcisse ; elle se couvrira de fleurs et tressaillira de joie »* (Ésaïe 35:1; 43:19).

Le chemin qu'il vous propose pour arriver à lui, est son Fils, Jésus-Christ.

Il est le Sauveur du monde et son brûlant désir est de venir habiter en vous : « *Je me tiens à la porte et je frappe. Si quelqu'un ouvre la porte, j'entrerai chez lui, je souperai avec lui et lui avec moi* » vous dit-il (Apocalypse 3:20).

Allez-vous lui ouvrir, allez-vous l'inviter à venir deviser avec vous ?

Ne soyez pas incrédule, ne vous sentez pas indigne. Jésus est venu sur la terre des hommes chercher et sauver les âmes perdues et solitaires.

Acceptez d'emprunter son chemin et de le laisser refleurir votre vie. Vous ne serez alors plus jamais seul, car il a dit : *« Je suis avec vous tous les jours jusqu'à la fin du monde ».*

UNE TABLE
EST DRESSÉE !

Référence biblique

Psaume 23:5

« *Tu dresses devant moi une table*
en face de mes adversaires... ».

Qui ne se réjouit de recevoir des amis dans l'intimité de sa maison autour d'une jolie table bien garnie ? Des sentiments d'affection circulent, chacun est ouvert, détendu, et nul n'aurait eu la pensée de venir accompagné de son « meilleur ennemi» ! Pourtant, David semble avoir vécu une expérience des plus particulières : ses opposants étaient nombreux et il écrit avoir eu l'occasion de manger non pas *avec* eux mais *face* à eux ! Étrange, n'est-ce pas ? Chose plus surprenante encore, il dit que c'est Dieu lui-même qui a été à l'initiative de cette invitation : *« Tu dresses devant moi une table, en face de mes adversaires... »*.

Dieu est *« notre secours et notre bouclier »* (Psaume 33:20). Il connaît chacun de nos ennemis, que ceux-ci soient du nombre de nos semblables ou qu'ils résultent des désordres de notre être intérieur. Il n'ignore rien de nos faillites relationnelles, de nos difficultés économiques, de nos addictions, de nos échecs. Nos problèmes sont pour lui l'occasion de manifester sa puissance et son amour ; les agissements de nos ennemis ne l'empêchent pas de nous bénir : « *Quand l'ennemi viendra comme un fleuve, l'esprit de l'Éternel le mettra en fuite* » (Ésaïe 59:19).

Chaque instant, il veille sur nous, dépose un baume sur nos blessures, organise des missions de sauvetage, et ses multiples bénédictions s'apparentent à des mets successifs qui viennent nourrir notre âme.

Il nous invite ainsi à *une table de bénédiction* qu'il dresse face à nos adversaires pour démontrer qu'il est notre garant, notre défenseur : « *Déjà maintenant, mon témoin est dans le ciel* » (Job 16:19) ; « *Prends sous ta garantie le bien de ton serviteur…* » (Psaume 119:122) ; et en même temps, il nous invite à *une table de communion*, car il a le désir d'entretenir le dialogue avec nous, de fortifier notre fidélité, de nourrir notre reconnaissance.

N'est-il pas écrit que Jésus-Christ, mort pour nous sur la croix, est maintenant « *notre avocat, notre conseiller, notre paix* », si nous l'avons invité dans nos vies et si notre désir est de le suivre chaque jour ?

Alors, réjouissons-nous de « *cette table dressée en face de nos adversaires* » et allons nous y asseoir avec lui !

DIEU A FIXÉ UN JOUR

Référence biblique

Actes 17:16-34

*« Dieu a fixé un jour
où il jugera le monde »*.

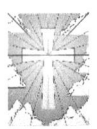

49

Les Grecs évoluaient dans un monde où épicuriens et stoïciens essaimaient leur enseignement, rivalisant d'arguments dans de brillantes joutes oratoires. La ville d'Athènes, l'une des cités dominantes du pays, était le cœur d'une vie intellectuelle intense. Ses habitants étaient des gens très religieux, mais ils s'étaient laissé séduire par un humanisme idolâtre. Par crainte et par souci de se protéger, ils avaient même construit un autel qui portait l'inscription « À un dieu inconnu ».

Cette attitude superstitieuse sert de prétexte à l'apôtre Paul, lors de son discours à l'Aréopage, petite colline qui domine la ville. Son but est de provoquer un électrochoc à cet auditoire toujours avide d'idées nouvelles, instruit certes, mais perdu dans ses démonstrations de pseudo-sagesse. Il va frapper fort, aller directement au but en leur exposant les notions de jugement et de résurrection, concepts qui leur étaient inconnus et inconcevables ! Il donne vie à ce « Dieu inconnu » de leur autel et dit : « *Dieu annonce maintenant à tous les hommes, en tous lieux, qu'ils ont à se repentir parce qu'il a fixé un jour où il jugera le monde selon la justice, par l'homme qu'il a désigné, ce dont il a donné une preuve certaine en le ressuscitant des morts* » (Actes 17:31).

Malgré leurs activités éminemment religieuses, les Athéniens étaient éloignés de Dieu. Un constat similaire peut être établi de nos jours : au sein de notre société de culture chrétienne, Dieu reste encore un inconnu pour beaucoup. La religiosité n'augure en rien de la connaissance.

Qu'allez-vous faire, pour votre part, à la lecture de ces lignes : vous moquer, comme certains des auditeurs de Paul, imiter les autres en disant : *« Nous t'entendrons là-dessus une autre fois »* ou vous laisser toucher, et croire comme quelques-uns le firent ?

La décision vous appartient et elle est incontournable, car l'arrêt de justice est déjà publié : Dieu va juger le monde par Christ ressuscité !

L'ÉTERNITÉ

Références bibliques

Ézéchiel 12:25 ; Matthieu13:36-50

« … ce que j'annonce s'accomplira ».

ncore quelques pelletées de terre et le cercueil va être recouvert. Un ami, un proche, un voisin n'est plus. Il vient d'entrer dans l'éternité, ce monde et ce temps où la liberté et l'allégresse sont éternelles pour les uns, l'emprisonnement et les tourments, éternels pour les autres, un monde où tout est gracieusement pardonné d'un côté, irrémédiablement scellé de l'autre. Tel est le message divin écrit spécifiquement pour chacun de nous dans les pages de la Bible. Le contester est toujours possible, le rayer de notre mémoire l'est également, quant à le marchander et à l'adapter à notre mode de pensée, cela se fait couramment, mais ces chemins de traverse ne mènent qu'à des impasses, car rien ne le fera modifier : « *Le ciel et la terre passeront, mais mes paroles ne passeront point* » (Matthieu 24:35).

Dieu a parlé, il est souverain, et sa souveraineté ne peut être remise en cause par un troc philosophique ou religieux : *« Je suis le Seigneur, je parle et ce que j'annonce s'accomplira »*.

Et qu'annonce-t-il ? *« ...à la fin du monde, les anges viendront séparer les méchants d'avec les justes, et ils les jetteront dans la fournaise ardente où il y aura des pleurs et des grincements de dents »* (Matthieu 13:50).

Qui sont les méchants ? Dans le langage biblique, ce sont ceux qui nient l'existence de Dieu, mais également tout homme, religieux ou non, qui n'a pas fait la paix avec Lui : *« Le méchant n'a pas égard à la majesté de Dieu »* (Ésaïe 26:10), *« la crainte de Dieu n'est pas devant ses yeux »* (Psaume 36:2), *« il dit : Dieu ne punit pas »* (Psaume 10:4).

Qui sont les justes ? Ce sont ceux qui ont cru à la valeur du sacrifice expiatoire de Jésus et qui vivent en nouveauté de vie : *« Le juste célèbre le nom de l'Éternel... trouve un refuge en lui »* (Psaumes 140:14 ; 64:1), *« le sang de Jésus le purifie de tout péché »* (1 Jean 1:7).

Le livre des Proverbes résume la situation par ces mots : *« Comme passe le tourbillon, ainsi disparaît le méchant, mais le juste a des fondements éternels »* (Proverbes 10:25).

Si vous avez effacé Dieu de vos priorités, revisitez vos certitudes et tournez-vous vers lui avec confiance, car *« il ne veut pas que le méchant meure mais il veut qu'il change de conduite et qu'il vive »* (Ézéchiel 33:11). De votre choix dépend le lieu où vous passerez l'éternité !

SENS INTERDIT !

Références bibliques

Deutéronome 18:9-14 ; Lévitique 20:27

« Qu'on ne trouve chez toi personne …qui exerce le métier de devin, d'astrologue… ».

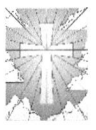

Séduisantes, n'est-ce pas, toutes ces anticipations au bonheur promises par les panneaux publicitaires et nos écrans. Un simple coup de téléphone, un tout petit clic, et nous voilà transportés dans les espaces rafraîchissants de l'espérance salvatrice.

Astrologie, cartomancie, numérologie, horoscope… la liste est longue de toutes ces croyances qui entraînent ceux qui s'y livrent vers une abdication progressive de leur libre-arbitre et vers une dépendance de marchands d'illusions, de manipulateurs en tous genres qui leur certifieront voir dans les étoiles leur réussite sentimentale et professionnelle, qui leur vendront le bonheur à coups d'astres magnifiquement alignés, et qui feront en sorte qu'ils aient de plus en plus besoin d'eux et de leurs « conseils éclairés » pour continuer à prospérer sur leur faiblesse et leur crédulité !

Au début, ceux qui se livrent à ces pratiques ont succombé à l'attirance vers l'irrationnel, recours inconscient contre l'angoisse, « juste pour s'amuser, pour rêver un peu, pour approcher un avenir plus enchanteur », mais insidieusement, le jeu s'est fait lien et les a ligotés avec des besoins ésotériques de plus en plus tentaculaires, les rendant prisonniers et victimes de la mystification du langage des cartes et des étoiles.

La Bible est formelle :

«Qu'on ne trouve chez toi personne ... qui exerce le métier de devin, d'astrologue, de magicien, personne qui consulte ceux qui évoquent les esprits ou disent la bonne aventure, personne qui interroge les morts, car quiconque fait

ces choses est en abomination à l'Éternel ».

« Si un homme ou une femme ont en eux l'esprit d'un mort ou un esprit de divination, ils seront punis de mort » (Lévitique 20:27).

«Ne vous tournez point vers ceux qui évoquent les esprits ni vers les devins, de peur de vous souiller avec eux » (Lévitique 19:31).

Quelles mises en garde solennelles ! Écoutons-les, et fuyons ces chemins ténébreux où le panneau «Sens interdit» s'affiche dès l'entrée ! Notre destinée ne se trouve qu'en celui dont il est dit qu'*« il vous conduira dans toute la vérité »* et qui a affirmé : *« Je suis le chemin, la vérité et la vie »* (Jean 14:6).

Cela, les étoiles ne vous le diront pas !

LA PRIÈRE

Référence biblique

Philippiens 4:6

« *Faites connaître vos besoins à Dieu
par des prières* ».

La prière est la dernière préoccupation de l'incroyant, mais la première de celui qui a reçu Jésus comme Sauveur. Elle est le moyen que Dieu propose pour entrer en relation avec lui. Elle est l'expression spontanée d'un cœur, et en aucun cas, une pratique rituelle, un devoir religieux, une récitation, une répétition sans fin de « *vaines paroles* » (Matthieu 6:7).

Prier, c'est atteindre le cœur de Dieu en entrant par la porte du ciel qu'il a ouverte pour nous au travers de la mort et de la résurrection de son Fils. C'est nous présenter à lui en nous réclamant du nom de Jésus-Christ, condition impérative pour être entendus.

Jésus lui-même l'a précisé : *« Ce que vous demanderez au Père, il vous le donnera en mon nom »* (Jean 16:23) ; *«Si vous demandez quelque chose en mon nom, je le ferai »* (Jean 14:13).

Prier, c'est nous approprier ce privilège d'un tête-à-tête avec Dieu dans lequel nous pourrons *« lui faire connaître nos besoins »* et donner libre cours à l'expression de nos peines, de nos souffrances, de nos attentes. C'est lui affirmer ainsi notre foi en son amour et en sa puissance, *« car sans la foi, il est impossible de lui être agréable »* (Hébreux 11:6).

Prier, c'est accepter de nous soumettre à sa volonté en sachant qu'il a un plan pour nos vies : « *Je te montrerai la voie que tu dois suivre, je te conseillerai, j'aurai le regard sur toi* » (Psaume 32:8) ; c'est reconnaître sa souveraineté et nous y abandonner.

Prier, c'est emprunter le chemin de la persévérance et arpenter celui de la patience avant l'exaucement : *« La persévérance conduit à la victoire dans l'épreuve »* (Romains 5:3).

Pratiquons la prière. Elle est le laissez-passer signé par Jésus sur le mont Calvaire, le passeport pour la sérénité du cœur, car où être plus en sécurité qu'au pied du trône de la grâce, qu'au creux du rocher qu'est Jésus ? (Psaume 31:4)

L'AGNEAU DE DIEU

Référence biblique

Hébreux 9:15-22

*« Sans effusion de sang,
il n'y a pas de pardon ».*

Dieu, qui « *habite dans la sainteté »,* voyait le péché des hommes se répandre sur la terre et *peser sur elle* jusqu'à la faire *chanceler comme un homme ivre* (Ésaïe 24:19-20). Les Écritures spécifiant que « *sans effusion de sang, il n'y a pas de pardon »*, des sacrifices d'animaux étaient offerts sur l'autel, mais ils n'enrayaient pas le mal et devaient être renouvelés chaque année, car « *il est impossible que le sang des taureaux et des boucs ôte les péchés »* (Hébreux 10:4). Le pardon était donc ponctuel. L'homme demeurait perdu et la porte du ciel lui était fermée, rien d'impur ne pouvant y entrer. Alors, *au temps fixé,* l'indicible sauvetage de l'humanité a été enclenché : « Dieu fait homme » est venu en personne sur la terre, offrir sa vie en sacrifice pour que le péché soit effacé une fois pour toutes, (Hébreux 9:11-26), *« pure folie pour les uns, ceux qui se perdent »*, grâce ineffable pour les autres, *ceux qui sont sauvés* (1 Corinthiens 1:18-24).

Dieu a ainsi pourvu au problème du péché, cette tache indélébile poinçonnée sur nos cœurs, en envoyant son propre agneau, en la personne de Jésus, subir sa colère à notre place. Lui qui était sans péché *« a été fait péché pour nous et le châtiment qui nous donne la paix est tombé sur lui »* (Ésaïe 53:5).

Il est *« l'agneau de Dieu qui ôte le péché du monde »* (Jean 21:9) ; *« Il a été maltraité et n'a point ouvert la bouche, semblable à un agneau qu'on mène à la* boucherie… Il a été enlevé par l'angoisse et le châtiment … l'Éternel a fait retomber sur lui l'iniquité de nous tous » (Ésaïe 53:7-6-8).

Lorsque mourant, il s'écriait : « *Tout est accompli »,* il inaugurait pour nous, une alliance éternelle de réconciliation avec son Père, et nous ouvrait toute grande la porte du ciel.

« *Lui, après avoir offert un seul sacrifice pour les péchés, s'est assis pour toujours à la droite de Dieu »* (Hébreux 10:12).

« *Celui qui a le fils a la vie, celui qui n'a pas le fils n'a pas la vie et la colère de Dieu demeure sur lui »* (1 Jean 5:12). Avez-vous Jésus ?

LAISSONS DIEU FAIRE !

Référence biblique

Psaume 37:6

« Il fera paraître ta justice
comme la lumière et ton droit
comme le soleil en plein midi ».

Il est des circonstances difficiles à vivre, celles où nous sommes confrontés au mensonge d'un tiers et où notre parole est non seulement mise en doute, mais encore, entièrement niée devant témoins. Combien alors la stupéfaction nous envahit et nous laisse sans voix ! Se peut-il que l'on puisse mentir avec autant d'aplomb ! Nous en demeurons interdits, mais la stupeur se transforme en douleur lorsque le mensonge est maintenu, répété, et que nous n'avons que notre bonne foi à brandir comme étendard de la vérité.

Notre réaction instinctive est de nous confier, de chercher consolation auprès de ceux qui nous connaissent, et cela nous est un chaud réconfort, mais nous devons veiller à ce que notre douleur ne se revête pas d'amertume.

David connut de tels moments et fut lui aussi confronté au mensonge : *« De faux témoins se lèvent ...ils me rendent le mal pour le bien... ils se rassemblent pour me calomnier »* (Psaume 35:11,15).

Dans son désarroi, il ne cherche pas à se défendre lui-même, mais il se tourne vers Dieu, lui expose sa souffrance, le prend à témoin : *« Éternel, tu as tout vu : ne reste pas silencieux »*. Il l'exhorte à intervenir et s'en remet à Sa justice : *«Éternel, accuse ceux qui m'accusent, combats ceux qui me combattent... Lève-toi pour me faire justice, défends ma cause ! »* (Psaume 35:22, 1, 23).

Lorsque nous devons faire face à des attaques mensongères et subir l'injustice, exposons les faits à celui qui *«voit jusqu'aux extrémités de la terre »* (Job 28:24) et devant qui *« aucune créature n'est cachée : tout est nu et découvert aux yeux de celui à qui nous devons rendre compte »* (Hébreux 4:13).

«Ne dis pas : Je rendrai le mal. Compte sur l'Éternel et il te sauvera» (Proverbes 20:22). La Bible ne dit-elle pas : *« La bouche des menteurs sera fermée »* et n'affirme-t-elle pas : *« Recommande ton sort à l'Éternel, mets en lui ta confiance et il agira. Il fera paraître ta justice comme la lumière, et ton droit comme le soleil en plein midi »* (Psaumes 63:12; 37:5-6) ? Alors … laissons Dieu faire !

LES « MAINTENANT » DE DIEU

Référence biblique

Josué 5:14

« Je suis le chef de l'armée de l'Éternel
et j'arrive maintenant ».

L a solution à nos problèmes, lorsqu'ils se dressent dans nos vies comme une muraille infranchissable, dépend souvent de la façon dont nous les abordons. Trois réactions sont possibles.

La première est l'optimisme inconsidéré. Nous disons que l'orage passera, qu'il n'y aura aucune suite. Nous minimisons les choses, et d'une certaine façon, nous adoptons l'attitude de l'autruche qui, comme chacun sait, n'est pas un modèle de sagesse ! (Job 39:20). Nous laissons ainsi se détériorer la situation et un jour, il sera *trop tard…*

La seconde réaction est de sombrer dans l'abattement, de nous laisser dominer par les circonstances et c'est l'affolement. La lucidité et le sang-froid sont étouffés, notre problème nullement solutionné, et bientôt, là encore, il sera *trop tard* pour réagir…

La troisième réaction est d'évaluer sereinement la situation. C'est ce que fit Josué lorsqu'il se trouva face à la ville de Jéricho, impressionnante forteresse réputée imprenable. Il envisagea la bataille avec calme, car il savait qu'il n'était pas seul dans le combat. Dieu lui avait promis la victoire, et effectivement, au moment voulu, un ange s'approcha de lui et dit : *« Je suis le chef de l'armée de l'Éternel et j'arrive maintenant ».*

Les « maintenant » de Dieu nous évitent de vivre des « trop tard », mais pour cela, nous devons croire en ses promesses et nous reposer en lui.

« *Dieu est pour nous un refuge et un appui, un secours qui ne manque jamais dans la détresse* » (Psaume 46:2).

« *Il est bon d'attendre en silence le secours de l'Éternel* » (Lamentations de Jérémie 3:26).

Quand un problème est sur le point de nous engloutir, sachons comme Josué, réagir avec calme, dans un esprit de soumission, de prière, assurés de son intervention, et au moment opportun, juste avant la victoire, nous l'entendrons nous dire : « *J'arrive maintenant* ».

RÉVEILLONS-LE

Référence biblique

Marc 4:35-41

« Jésus dormait … ».

Jésus leur avait dit : *« Passons sur l'autre bord »,* alors confiants, les disciples étaient montés dans la barque. Le temps était favorable, une douce brise gonflait les voiles et la traversée semblait devoir se dérouler sans encombre, mais une tempête se leva, menaçante, et les disciples prirent peur.

N'est-ce pas là notre expérience ? Nous nous embarquons pleins d'assurance sur les eaux prometteuses de notre jeune vie, convaincus d'atteindre sous peu la rive du bonheur, de la réussite professionnelle, de l'aisance financière, mais la tempête survient sous la forme d'une maladie, d'un décès, d'un échec.

Nous avions pourtant tout prévu : un beau mariage… mais pas le divorce, de beaux enfants… mais pas leur rébellion, une belle voiture… mais pas l'accident, et nous prenons peur, nous aussi.

« *Jésus dormait à la poupe* ». La présence de Jésus dans nos vies ne signifie pas que notre traversée sera une croisière de rêve ni qu'elle se fera toujours sous un ciel clément, loin des récifs. N'a-t-il pas dit à Pierre : « *Satan vous a réclamés pour vous cribler comme le froment* » (Luc 22:31), et n'est-il pas écrit que « *c'est par beaucoup de tribulations qu'il nous faut entrer dans le royaume de Dieu* » (Actes 14:22) ?

Jésus ne nous a pas promis de nous éviter les épreuves, il a promis de les contrôler et d'être toujours à nos côtés : « *...si tu traverses les eaux, je serai avec toi* » (Ésaïe 43:2) ; « *Je suis avec vous tous les jours, jusqu'à la fin du monde* » (Matthieu 28:20).

« Jésus dormait à la poupe » donc, près du gouvernail, et les disciples *« le réveillèrent »*.

Lorsque nous invitons Jésus dans nos vies, il en devient le capitaine : notre barque devient sa barque, nos orages deviennent ses orages, alors, si parfois nous frôlons le naufrage pendant qu'il semble dormir, restons confiants et « réveillons-le», car *« rien ne lui est impossible »* : il est le maître *« des temps et des circonstances »* (Daniel 2:21), et un mot de lui suffit à calmer la tempête.

« VOICI L'HOMME »

Références bibliques

Jean 19:5 ; Ésaïe 32:2

« Voici l'homme »
« Il y aura un homme
qui sera comme une protection
contre le vent …».

« *V*oici l'homme » avait dit Pilate, le gouverneur romain, en présentant à la foule hostile, Jésus couronné d'épines. Il venait de lui faire subir le supplice du fouet pour apaiser les autorités religieuses, et lorsqu'on sait qu'un fouet était formé de trois lanières incrustées de morceaux de plomb et que la loi juive autorisait jusqu'à quarante coups, on imagine aisément les profondes et douloureuses blessures qui lui avaient déjà été infligées.

« *Voici l'homme* » ! Deux mots, deux simples mots, mais combien émouvants et évocateurs ! Sept cents ans avant la venue de Jésus sur la terre, le prophète Ésaïe avait dit : « *Il y aura un homme qui sera comme une protection contre le vent, comme un abri contre l'orage ... ».* Il avait même annoncé sa naissance :

« *La vierge deviendra enceinte, elle enfantera un fils* » ; *l'Esprit de l'Éternel reposera sur lui… Il ne jugera point sur l'apparence* » (Ésaïe7:14 ; 11:2-3).

Jésus *devait* quitter la gloire de son royaume et revêtir notre humanité pour être là où son Père le voulait, c'est-à-dire sur la croix du calvaire (Actes 17:3). Lui, le Saint, « *l'agneau sans défaut et sans tache prédestiné avant la fondation du monde* » (1 Pierre 1:19), devait offrir sa vie en sacrifice et être notre substitut pour l'expiation de nos péchés : « *Parmi ceux de sa génération, qui a cru qu'il était retranché de la terre des vivants et frappé pour les péchés de mon peuple ?* » (Ésaïe 53:1-8).

Dieu ne fait preuve d'aucune indulgence vis-à-vis du péché. Sa colère à son égard est terrible et toujours d'actualité, et nul homme n'y échappera s'il néglige le salut et la grâce offerts à la croix :

« ... pour les lâches, les incrédules, les impudiques ... et tous les menteurs, leur part sera dans l'étang ardent de feu et de soufre » (Apocalypse 21:8).

« Mais Dieu prouve son amour envers nous, en ce que lorsque nous étions encore des pécheurs, Christ est mort pour nous. À plus forte raison donc, maintenant que nous sommes justifiés par son sang, serons-nous sauvés par lui de la colère » (Romains 5:8-9).

« Voici l'homme ». Pilate ignorait que celui qu'il présentait ainsi à la foule, serait pour tous ceux qui feraient de lui leur Sauveur et Seigneur, une protection contre les vents adverses, un abri contre les orages de la vie, et qu'il leur accorderait *« le privilège de devenir enfants de Dieu »* (Jean 1:12). Ne voulez-vous pas fuir la colère de Dieu et vous trouver devant un Père et non un Juge, le jour où vous devrez Le rencontrer ?

ÊTES-VOUS PRÊT ?

Référence biblique

Amos 4:12

« *Prépare-toi
à la rencontre de ton Dieu* ».

Connaissez-vous l'histoire de ce roi qui donna à son bouffon un sceptre en bois en lui disant : « Tu le donneras à l'homme que tu rencontreras qui sera plus fou que toi » !

Plusieurs années passèrent et un jour, le roi tomba malade. Aux portes de la mort, il fit venir son bouffon et lui dit :

« - Je pars pour le dernier voyage.

-T'y es-tu préparé ? demanda le bouffon.

- Pas du tout ! rétorqua le roi.

- Connais-tu ta destination ?

- Nullement ! »

Le bouffon tendit alors le sceptre au roi et dit : « Tiens, voilà le sceptre que tu m'avais donné, j'ai trouvé plus fou que moi ! »

Cette insouciance « royale » a également cours de nos jours. Combien de nos contemporains, en effet, vivent les yeux fixés sur cette terre et ses attraits sans jamais les lever vers le ciel ? Ils oublient ou veulent ignorer qu'ils sont un corps et une âme et ils ne nourrissent leurs pensées que de motivations matérielles ou charnelles.

Jésus raconta la parabole du riche insensé dont les terres avaient beaucoup rapporté et qui projeta de bâtir de grands greniers pour amasser toute sa récolte et tous ses biens. Il se disait qu'il allait pouvoir « *se reposer, manger, boire et jouir de la vie durant de longues années, mais le soir même, son âme lui fut redemandée* » (Luc 12:16-20) !

Selon les valeurs du monde, cet homme qui avait géré son patrimoine avec la sagesse d'une personne avisée, pouvait être considéré comme habile et réfléchi, mais sur le plan spirituel, il est taxé d'insensé par Jésus, car il a négligé ses intérêts éternels pour ne s'occuper que de sa sécurité terrestre. Il va donc devoir rendre compte à Dieu de la conduite de sa vie sans s'y être préparé ! …

« Prépare-toi à la rencontre de ton Dieu » avertit la Bible.

Êtes-vous prêt ? Ce serait folie de passer la porte de l'éternité sans être assuré d'être accueilli par Jésus, le Sauveur !

CHERCHEZ-MOI !

Référence biblique

Amos 5:4

« Cherchez-moi, et vous vivrez ».

Quelle brûlante question que celle de l'existence de Dieu, brûlante et capitale, car la réponse déterminera l'orientation de notre destinée ! Certains tranchent et proclament sa non-existence, d'autres affirment tel André Frossard : « Dieu existe, je l'ai rencontré » et d'autres encore, pleins de doute, adoptent la position de Voltaire : « J'ai contemplé le divin ouvrage et je n'ai point vu l'ouvrier, j'ai interrogé la nature, elle est demeurée muette » ; ils ajoutent avec lui : « L'univers m'embarrasse ; je ne puis songer que cette horloge existe et n'ait point d'horloger », et ils épousent sa conclusion : « Il m'est impossible de nier l'existence de Dieu », mais … « il est impossible de le connaître » !

La question de Dieu ne se résout pas avec les démonstrations de la raison, pas plus avec les humeurs du hasard comme l'exprime l'astrophysicien Trinh Xuan Thuan : « La probabilité que l'univers soit issu du hasard est comparable à celle d'un archer réussissant à planter sa flèche au milieu d'une cible carrée d'1cm de côté, située à l'autre bout de l'univers ».

Un autre langage est possible, celui qui vient du ciel, car Dieu a quelque chose à nous dire. La Bible déclare en effet : *«Ils ne se sont pas souciés de connaître Dieu »* (Romains 1:28) et elle ajoute : *« Sans la foi, il est impossible de Lui être agréable, car il faut que celui qui s'approche de Dieu croie que Dieu existe et qu'il est le rémunérateur de ceux qui le cherchent »* (Hébreux 11:6).

Ainsi, Dieu s'attend à ce que nous le cherchions (Actes 17:27), il a même *« de la bonté pour l'âme qui le cherche »* (Lamentations 3:25), et il affirme que cette recherche ne sera pas vaine : *«Vous me chercherez et vous me trouverez, si vous me cherchez de tout votre coeur. Je me laisserai trouver par vous »* (Jérémie 29:13-14).

Voltaire se trompait ! Il est possible de connaître Dieu ! *« Cherchez-moi, et vous vivrez »* ; *« Cherchez l'Éternel pendant qu'il se trouve »* (Ésaïe 55:6).

« Cherche-moi, et tu vivras » vous dit-il.

PARDONNER !
POURQUOI ?

Références bibliques

Marc 11:25 ; Colossiens 3:13

« *Si vous avez quelque chose contre quelqu'un, pardonnez…* ».

« *Supportez-vous les uns les autres, et si l'un a sujet de se plaindre de l'autre, pardonnez-vous réciproquement* ».

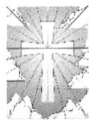

L'écrivain chrétien C.S. Lewis a dit : « Tout le monde est d'accord pour dire que pardonner est une idée merveilleuse jusqu'au jour où il faut pardonner à quelqu'un ».

Ce n'est pas toujours chose aisée, en effet, de pardonner le tort que l'on nous a fait, les calomnies qui nous ont salis, la trahison dont nous avons été l'objet, l'injustice que l'on a subie. Si nous ne maîtrisons pas nos sentiments, ils vont de suite revêtir leur armure défensive et enfourcher le langage « punching-ball ».
Les jours passant, l'amertume va infiltrer nos pensées, les envahir sournoisement et se transformer en ressentiment qui, tel un parasite, va se développer jusqu'à prendre racine.

Nous serons alors sous le poids d'un lourd fardeau de rancune, voire de désir de vengeance, aveuglés quant au pouvoir destructeur irréversible de son poison.

La Bible nous avertit : *« Prenez garde qu'aucune racine d'amertume, poussant des rejetons, ne s'infiltre en vous »* (Hébreux 12:15). Cet avertissement, écrit pour notre instruction, est à prendre au sérieux, car il y va de notre bien-être, de notre survie même.

Pardonner, c'est refuser d'ajouter du mal au mal et c'est déverser un baume sur nos blessures. *« Détourne-toi du mal, ce sera la santé pour tes muscles et un rafraîchissement pour tes os »* (Proverbes 3:7-8).

La Bible nous commande : *« Supportez-vous les uns les autres et si l'un a sujet de se plaindre de l'autre, pardonnez-vous réciproquement ».*

Le pardon est un ordre de Dieu. Ne nous a-t-il pas montré l'exemple en déclarant : *« Je ne me souviendrai plus de leurs péchés »* (Hébreux 8:12) ? N'a-t-il pas scellé sa promesse en envoyant Jésus mourir pour nous ? *« Quiconque croit en lui [Jésus], reçoit en son nom, le pardon des péchés »* (Actes 10:43).

Le pardon est libérateur ! Il est le remède aux ravages du ressentiment.

Accordons-le sans restriction, et nous deviendrons ainsi *« les imitateurs de Dieu... »* (Éphésiens 4:32 ; 5:1).

COMMENT S'APPROCHER
DE DIEU ?

Références bibliques

Psaume 51:19 ; Luc 18:9-14

*« Tu ne dédaignes pas
un coeur contrit ».*

L a Bible nous parle de deux hommes entrés dans une église pour prier.

Le premier s'est présenté devant Dieu le cœur débordant de suffisance, énumérant ses qualités, ses mérites religieux, magnifiant l'exemplarité de sa vie ; le second s'est approché en confessant son péché avec humilité, le cœur imprégné du sentiment de son indignité.

La Bible nous dit que seul, le second, s'en alla justifié. Le premier était venu revêtu du manteau de sa religion, le second s'était présenté sans aucun artifice ; le premier était venu affirmer ses mérites, le second, implorer le pardon divin.

«Le Seigneur résiste aux orgueilleux mais il fait grâce aux humbles» (Jacques 4:6).

Dieu sait que *le péché habite en nous* (Romains 7:18) et il ne s'attend pas à ce que nous soyons parfaits lorsque nous venons à lui, ni même que nous nous exercions à le devenir. Il connaît aussi les méandres de l'âme humaine, les argumentations qu'elle déploie pour se valoriser, les raisons qu'elle avance pour excuser ses failles.

Il demande donc de notre part, une attitude d'humilité et de repentance : *« Reconnais seulement ta faute ! »* (Jérémie 3:13), une fermeté sans réserve : *«L'Éternel est près de ceux qui l'invoquent avec sincérité »* (Psaume

145:18), et il nous assure « *qu'il ne dédaigne pas un cœur contrit* » (Psaume 51:19).

La Bible dit : « *Approchez-vous de Dieu et il s'approchera de vous* » (Jacques 4:8). Approchons-nous donc de lui, tels que nous sommes. Ne venons pas défendre notre cause, revêtus de nos talents, de nos dons, de notre piété, car il est écrit que « *notre justice est comme un vêtement souillé* » (Ésaïe 64:5), mais venons implorer son pardon, au nom de Jésus mort pour nous. Il nous justifiera et nous revêtira « *du manteau de justice* » (Ésaïe 61:10), symbole de notre appartenance à la famille des rachetés de Dieu.

NOUS NE CRIONS PAS EN VAIN !

Référence biblique

Ésaïe 45:19

*« Je n'ai pas dit :
Cherchez-moi en vain ».*

L a vie de David fut jalonnée d'obstacles et d'épreuves qui l'amenèrent parfois au plus profond désespoir, mais il demeura jusqu'à sa mort, un homme de foi, un *« homme selon le cœur de Dieu ».* Qui, mieux que lui, a su exprimer avec autant de densité, les tempêtes de la vie et le naufrage des sentiments ? Un grand nombre de psaumes relatant ses déchirements intérieurs reflètent comme dans un parfait miroir et avec un réalisme saisissant, nos propres craintes et découragements.

Il arrive que nous devions traverser des eaux tourmentées et surmonter des oppositions qui se multiplient tel un tsunami.

Subissant tristesse sur tristesse, nos forces s'amenuisent, car nous laissons les idées noires s'amonceler ! Combien il est réconfortant, alors, de lire les maux de notre propre cœur exprimés par David : *« Je m'épuise à force de gémir ; chaque nuit, mon lit est trempé de larmes, il est inondé de mes pleurs. Mes yeux sont comme usés par le chagrin»* (Psaume 6:7) ; *«Fais-moi grâce, Seigneur, car je crie à toi tout le jour»* ; *«Prête l'oreille à mes supplications, car mon âme est saturée de malheurs »* (Psaumes 86:3 ; 88:3).

Un temps désemparé par l'absence de justification apportée à ses épreuves et à sa souffrance, Job osera dire : *« Que gagnerons-nous à lui adresser nos prières ?»* (Job 21:15), mais il se

103

ressaisira et se maintiendra dans une foi forte tout au long de son affliction, affirmant : « *Quand même il me tuerait, j'espérerais en lui* » (Job 13:15).

Quand l'adversité nous submerge, que notre attente n'est plus qu'un cri et que le ciel reste d'airain, continuons à prier, car il est écrit : « *Voici ce que dit l'Éternel : Je n'ai pas dit : Cherchez-moi en vain* ».

Son secours est assuré ! Il arrivera au moment opportun. Attendons-le avec confiance, car « *Dieu est un secours qui ne manque jamais dans la détresse* » (Psaume 46:2).

COMME UNE EMPREINTE

Référence biblique

Cantique des cantiques 8:6

*« Fais de moi comme
une empreinte sur ton coeur ».*

Quel merveilleux verset ! Il était comme caché dans les jardins de la Parole et soudain, lorsque les yeux de notre âme le rencontrent, il jaillit et nous envahit d'une douceur ineffable. Combien en peu de mots est exprimé l'amour intense de la Sulamithe envers son bien-aimé, amour qui symbolise celui que le pécheur racheté éprouve envers Jésus-Christ, son Sauveur !

Pourtant, à sa première lecture, nous nous élevons, presque offusqués, contre son message. « Comment, Seigneur, oserions-nous te demander de faire de nous, comme une empreinte sur ton cœur ! Ce serait d'une audace insensée ! Comment pourrions-nous t'encombrer de notre personne, prendre une place de choix en toi ? Nous refusons tout net ! Nous n'en sommes pas dignes. Par contre, nous souhaiterions intervertir l'ordre des mots et proclamer : Fais de *toi* comme une empreinte sur *mon* cœur. Là, ce serait dans l'ordre des choses ».

Mais, bien vite, nous sommes à nouveau troublés … et cette fois, de notre hardiesse à avoir songé modifier la Parole de Dieu. Nous revenons alors au texte pour nous en imprégner. Nous le lisons et relisons pour pénétrer jusque dans ses entrailles, et une réalité s'impose en toute clarté : ne serait-ce pas une audace tout aussi insensée de vouloir inverser cette déclaration d'amour, cette parole pleine de charme, cet élan du cœur de la Sulamithe envers son futur époux ?

Car finalement, ne demande-t-elle pas tout simplement *d'être gravée sur le bien-aimé* dans le but de ne pas être oubliée de lui et d'être toujours au centre de ses pensées ?

Et … n'est-ce pas justement ce que Dieu a fait de tous ceux qui lui ont donné leur vie ? « *Une femme oublie-t-elle l'enfant qu'elle allaite ? Quand elle l'oublierait, moi, je ne t'oublierai pas. Voici, je t'ai gravé sur mes mains* » (Ésaïe 49:15).

Quelle merveilleuse grâce ! La Bible déclare que les mains clouées de Jésus garderont la marque de ses blessures jusque dans l'éternité (Luc 24:39 ; Jean 20:20), attestant à jamais son œuvre expiatoire et son amour indicible pour chaque être humain.

Alors, puisqu'il en est ainsi, acceptons avec empressement et reconnaissance de vivre ce verset tel qu'il est formulé, et disons à notre Bien-Aimé Sauveur : « *Fais de moi comme une empreinte sur ton cœur* ».

LA CÉCITÉ SPIRITUELLE

Référence biblique

Marc 10:46-53

« *Que je voie !* »

Les fruits d'un seul arbre du jardin d'Éden leur étaient interdits, mais l'adversaire de leur âme leur a susurré que la bonté de Dieu était un leurre, qu'Il les tenait dans l'ignorance de vérités essentielles et que leurs yeux s'ouvriraient s'ils mangeaient le fruit défendu (Genèse 3:1-5). Séduits, ils en ont mangé ; alors, leurs yeux se sont ouverts et ils sont devenus aveugles. C'est ainsi qu'Adam et Ève ont entraîné l'humanité dans la cécité spirituelle parce qu'en ouvrant les yeux sur le péché, ils les ont fermés à la communion avec le Créateur.

Des millions d'êtres humains vivent comme des aveugles quant à leur devenir éternel. Ils avancent sans savoir d'où ils viennent, sans savoir où ils vont, mais assurent négligemment : « On verra bien ». Ils érigent l'insouciance et le « carpe diem » en règles de vie, pariant pour les uns, sur l'indulgence d'un dieu débonnaire, épousant pour les autres, la devise libertaire « ni Dieu ni maître », tous également persuadés de détenir la meilleure philosophie de vie.

L'aveugle Bartimée criait sur le chemin : *« Fils de David, aie pitié de moi »* et à Jésus qui lui demandait : *« Que veux-tu que je te fasse ?»*, il répondit : *« Que je voie ! ».* Bartimée était conscient de son handicap et ne pensait qu'à une chose : en être délivré. Malheureusement, un grand nombre d'hommes aujourd'hui contestent haut et fort leur cécité spirituelle et s'affranchissent de toute « dépendance supérieure » pensant être libres et maîtres de leur destin. Pourtant, la Bible est claire : *« Ils se sont égarés dans leurs pensées, et leur cœur sans intelligence a été plongé dans les ténèbres. Se vantant d'être sages, ils sont devenus fous »* (Romains 1:21-22).

Jésus a dit : *« Parce que tu ne sais pas que tu es misérable, aveugle et nu, je te conseille d'acheter de moi... un collyre pour oindre tes yeux, afin que tu voies »* (Apocalypse 3:17-18).

Voulez-vous être guéri de votre cécité spirituelle ? Courez vers Jésus et dites-lui : « Fais que je voie, Seigneur ! » Il vous guérira et *« illuminera les yeux de votre cœur »* (Éphésiens 1:18).

NE VOUS LAISSEZ PAS PROGRAMMER

Référence biblique

Ésaïe 8:19

*« Un peuple ne consultera-t-il pas
son Dieu, s'adressera-t-il aux morts
en faveur des vivants ? »*

Beaucoup de nos contemporains, malgré leurs exclamations de déni, vivent sous l'influence de superstitions séculaires et pratiquent des gestes « conjurateurs de sort » comme croiser les doigts ou toucher du bois, n'hésitant pas pour certains, à porter un fer à cheval ou une médaille de Saint-Christophe en guise de porte-bonheur…

et comme de la superstition à l'astrologie et à l'occultisme, il n'y a qu'un pas, ils le franchissent fâcheusement !

L'homme, de tout temps, a voulu anticiper l'avenir pour demeurer maître de son destin, et au lieu de se tourner vers celui qui tient « *nos destinées dans sa main* » (Psaume 31:16), il est allé s'aventurer dans des pratiques et des systèmes de pensée supposés fiables mais fondés sur le mensonge.

Est-ce raisonnable de croire que notre avenir peut se trouver écrit dans le marc de café, sur les lignes de la main, dans les astres, ou de penser que les morts peuvent influer sur l'orientation de nos vies ? Cette ruée vers la divination présente le danger de conduire les hommes qui la pratiquent à perdre toute liberté de choix et à laisser le monde des morts et des étoiles diriger leur vie. Or, il est établi que le ciel astrologique ne correspond en rien au ciel astronomique.

On rapporte que la célèbre voyante, Madame Soleil décédée en 1996, a dit que son succès était dû à l'abandon de la foi chrétienne. Ceux qui courent ainsi après des « bulles de savon » et qui se nourrissent de fables, sont comme des brebis égarées qui ont préféré chercher leur nourriture loin du berger.

Qu'importe le signe sous lequel nous sommes nés : *« Quand je n'étais qu'une masse informe, tes yeux me voyaient, et sur ton livre étaient tous inscrits les jours qui m'étaient destinés avant qu'aucun d'eux n'existe »* (Psaume 139:16).

Dieu est vivant ! Il s'intéresse à nos jours ! Il prendra en mains les rênes de nos vies si nous les lui donnons ! Alors, *«si l'on vous dit : Consultez ceux qui évoquent les morts et ceux qui prédisent l'avenir, répondez : Un peuple ne consultera-t-il pas son Dieu, s'adressera-t-il aux morts en faveur des vivants ? »*

Consultez-le dès aujourd'hui ! Ne vous laissez programmer ni par le monde des morts ni par le mensonge des étoiles !

LES DEUX CHEMINS

Référence biblique

Matthieu 7:13-14

« … étroite est la porte, resserré le chemin
qui mènent à la vie,
et il y en a peu qui les trouvent ».

À l'écoute des journaux télévisés, des philosophes autoproclamés, des éditorialistes, nous pouvons constater que la société du 21ème siècle ne diffère en rien de celle d'hier et d'avant-hier. *« Voici l'homme »* avait dit Pilate à la foule en faisant avancer Jésus déjà flagellé, mais tous, d'une même voix, avaient crié : « *Nous ne voulons pas qu'il règne sur nous !»* (Jean 19:1-5 ; Luc 19:14). Leur choix était fait.

Le même choix nous revient aujourd'hui et nous ne pouvons nous y dérober, car de lui va dépendre notre statut éternel. Jésus avertit : « *Entrez par la porte étroite, car large est la porte, spacieux le chemin qui mènent à la perdition, et il y en a beaucoup qui entrent par là ; mais étroite est la porte, resserré le chemin qui mènent à la vie, et il y en a peu qui les trouvent* ».

Jésus annonce deux chemins, l'un qui mène à la mort, l'autre qui mène à la vie.

Sur le premier,
se pressent des multitudes, confortées d'y croiser de la famille, des amis et les célébrités qui donnent le « la » de la farandole mondiale. On y croise les militants « ni Dieu ni maître », les nouveaux Pilate qui continuent à se laver les mains de la question de Jésus, les gens étiquetés religieux, certains croyant au ciel et à l'enfer, mais se confiant en leurs bonnes actions pour être sauvés, oubliant que le salut ne se mérite pas mais qu'il est une grâce qui coule de la croix ; les autres, tièdes et loin de Dieu, car endormis spirituellement.

À ce propos, Jésus sanctionnera l'église de Laodicée en lui disant :

« Parce que tu n'es ni froid ni bouillant, parce que tu es tiède, je te vomirai de ma bouche » (Apocalypse 3:16).

Sur le second,
n'avance qu'un petit nombre, car ce chemin doit être *« trouvé »*. On ne l'emprunte pas à la légère. Sa porte est étroite et pour la passer, on doit se baisser, s'humilier, déposer ses faire-valoir. Seul un cœur mis à nu, brisé par son péché, pourra entrer et c'est alors qu'il sera accueilli par Jésus ressuscité.

« Je suis la porte. Si quelqu'un entre par moi, il sera sauvé » (Jean 10:9).

Un choix doit être fait.
Il vous appartient.
Prendrez-vous le chemin sur lequel Jésus vous attend ?

DIEU
NE NOUS DOIT RIEN !

Références bibliques

Job 41:2 ; Jean 9:31

« De qui suis-je le débiteur ? »
« Dieu n'exauce pas les pécheurs. »

out est grâce, venant de Dieu, rien de ce qu'il donne n'est le résultat de nos mérites, de nos performances. N'est-il pas écrit que *« nous avons été gratuitement justifiés par sa grâce, par le moyen de rédemption qui est en Jésus-Christ»* (Romains 3:24) ?

Cette grâce qu'il distribue jour après jour au monde, aux nations, à chaque être humain sans même qu'ils s'en rendent compte pour la plupart, ne doit cependant pas occulter un préétabli incontournable lorsque nous prions : Dieu ne nous doit rien ! Il n'y a pas d'ardoise entre nous, et il l'exprime haut et fort en disant à Job après que celui-ci, au cœur de la fournaise qui déchirait sa vie, se soit aventuré à défendre sa cause :

« *De qui suis-je le débiteur ? Je le paierai. Sous le ciel, tout m'appartient* » (Job 41:2). Aussi, loin de nous la pensée de revendiquer quelque droit ou indulgence de sa part en récompense de notre honnêteté professionnelle, de notre générosité sociale ou même de notre fidélité religieuse : *«C'est par grâce que vous êtes sauvés, par le moyen de la foi...non sur la base des oeuvres, afin que personne ne se glorifie »* (Éphésiens 2/8-9). Si nous voulions marcher sur le terrain du droit, nous quitterions aussitôt celui de la grâce et tomberions alors sous le coup de la loi divine qui décrète : *« Le salaire du péché, c'est la mort »* (Romains 6:23). Or, Jésus a dit : *« Je tiens les clés de la mort... Celui qui vaincra n'aura pas à souffrir la seconde mort* » (Apocalypse 1:18 ; 2:11).

Un autre préétabli est à considérer lorsque nous prions : veiller à ce *« que rien ne vienne faire obstacle à nos prières »* (1 Pierre 3:7). Les péchés non confessés, l'incrédulité, le non-pardon, le mensonge, les conflits, sont autant de barrières érigées : *« Dieu n'exauce pas les pécheurs »* (Jean 9:31).

Pour être entendus de Dieu, nous devons *« vivre dans la lumière »* et lui dire que nous avons pris pour avocat, Jésus, son Fils, qui *« est venu ôter le péché du monde »* (Jean 1:29) et qui a dit : *« Je ne mettrai pas dehors celui qui vient à moi»* (Jean 6:37).

IL VOUS REVÊTIRA
D'HABITS NOUVEAUX

Référence biblique

Luc 15:11-24

« Mon fils que voici était mort
et il est revenu à la vie ».

Ce jeune homme, pétri d'ingratitude et de suffisance, demanda à son père sa part d'héritage et partit loin de lui, dans un pays étranger, vivre la vie qu'il pensait être la meilleure, celle du péché et de la débauche. Après avoir dilapidé tous ses biens, il fut contraint de chercher du travail à cause de la famine qui venait de s'abattre sur le pays, et on l'envoya garder les porcs. Ceux-ci étaient bien nourris, mais lui-même n'avait rien à manger ; c'est alors que la faim le fit réfléchir et le conduisit à quitter le chemin de perdition sur lequel il avançait depuis si longtemps. Refoulant sa honte, il retourna vers son père, déterminé à supporter les conséquences de ses actes.

La réaction du père nous émerveille ! Il ne s'attarde pas à l'apparence misérable de son fils, à ses haillons, à ses souliers usés, à sa personne empreinte encore de l'odeur des pourceaux, mais laissant déborder sa joie, il le revêt d'habits nouveaux, lui donne des chaussures neuves, lui remet l'anneau, signe qu'il appartient toujours à la famille, et fait préparer une fête en son honneur : *« Mon fils que voici était mort et il est revenu à la vie, il était perdu et il est retrouvé »*.

C'est ainsi que Dieu considère l'homme pécheur : mort spirituellement, parce que loin de lui, et donc nu, coupé du cep, sans sève, sans vie : *« Vous étiez morts par vos offenses et par vos péchés »* (Éphésiens 2:1).

Mais c'est aussi ainsi qu'il l'accueille, avec débordement de joie et de compassion s'il se présente repentant ! Il lui enlève alors son manteau de culpabilité et le revêt du vêtement du pardon, faisant de lui une personne nouvelle : *« Si quelqu'un est en Christ, il est une nouvelle création. Les choses anciennes sont passées, toutes choses sont devenues nouvelles »* (2 Corinthiens 5:17).

Si vous êtes cet enfant prodigue, sachez que Dieu vous attend pour vous accueillir à bras ouverts, car *« il y aura plus de joie dans le ciel pour un seul pécheur qui se repent que pour quatre-vingt-dix-neuf justes qui n'ont pas besoin de repentance »* (Luc 15:7).

LA CROIX

Référence biblique

1 Thessaloniciens 5:9

*« Dieu nous a destinés
à l'acquisition du salut ».*

La croix de Christ traverse le temps et brille toujours de sa valeur rédemptrice même si les hommes, en ce 21ème siècle, veulent férocement la faire oublier et en dissiper toute influence. Elle est le lieu de rendez-vous d'un Dieu saint, juste et bon avec des hommes *« nés tout entiers dans le péché »* (Jean 9:34), elle est le souvenir encore brûlant des souffrances indicibles infligées à son Fils à cause de nos offenses, elle est le cri de la puissante victoire acquise sur la mort par Jésus qui *« est [ainsi] devenu l'auteur d'un salut éternel »* (Hébreux 5:9).

Il est une vérité certaine : *« Dieu nous a destinés à l'acquisition du salut »* (1 Thessaloniciens 5:9) et *« a prouvé son amour envers nous en ce que lorsque nous étions encore des pécheurs, Christ est mort pour nous »* (Romains 5:8). Notre âme est à tel point précieuse aux yeux de Dieu que pour l'arracher à la mort éternelle à laquelle elle est destinée si elle ne se repent pas de ses péchés, il n'a trouvé d'autre solution que d'être lui-même la victime expiatoire.

« Qui peut sauver son âme du séjour des morts ?... Qui pourra dire : Je suis pur de mon péché ? ... Ils ne peuvent donner à Dieu le prix du rachat, le rachat de leur âme est cher » (Ps 89:49 - 49:8-9 ; Proverbes 20:9).

Jésus est venu, et le rachat de notre âme a eu lieu : il l'a payé avec sa vie.

« *Vous avez été rachetés par le sang précieux de Christ...* » (1 Pierre 1:19). Dieu a ainsi répondu aux impératifs de la loi qu'il a lui-même promulguée et qui dit que *« sans effusion de sang, il n'y a pas de pardon »*.

La croix dressée sur notre terre il y a plus de deux mille ans n'était pas facultative. Elle n'est ni un accident de l'Histoire, ni une erreur judiciaire : elle est l'unique endroit où Dieu nous reçoit et nous revêt des *«vêtements du salut, du manteau de la délivrance »*.

Elle nous concerne tous, elle vous concerne aussi. Qu'allez-vous faire ? Vous y arrêter … ou passer votre chemin ?

RÉDEMPTION

Référence biblique

Colossiens 1:14

« En lui, nous avons la rédemption,
le pardon des péchés ».

« *O* *ù es-tu ? »* a demandé Dieu à Adam lorsque celui-ci est allé se cacher après avoir mangé le fruit défendu.

Pourtant, jusqu'alors, Il conversait avec lui dans le jardin d'Éden, mais le mal venait de faire son entrée dans le monde et par cette question, Dieu voulait démontrer à Adam que le lien qui les unissait était dorénavant rompu. Depuis, l'homme n'a pas cessé de fuir son Créateur … puis il a oublié qu'il fuyait, et le temps passant, il a oublié Dieu.

Mais Dieu ne l'a pas oublié, et voyant que tous les hommes étaient « *errants comme des brebis, chacun suivant sa propre voie »* (Ésaïe 53:6), il a mis le comble à son amour pour eux en envoyant un libérateur les faire sortir de la fosse de destruction dans laquelle ils se trouvaient condamnés à jamais : « *Il m'a envoyé pour proclamer aux captifs la liberté et aux prisonniers la délivrance* » (Ésaïe 61:1).

Jésus est apparu sur notre terre, telle *«une faible plante ; il n'avait ni beauté ni éclat pour attirer nos regards. Méprisé et abandonné des hommes, nous l'avons dédaigné, nous n'avons fait de lui aucun cas. Cependant, ce sont nos souffrances qu'il a portées... et nous l'avons considéré comme puni, frappé de Dieu, mais il était blessé pour nos péchés, brisé pour nos iniquités* » (Ésaïe 53:1-10).

« En lui, nous avons *la rédemption* ». Le verbe *rédimer* qui signifie *racheter* était un terme utilisé dans l'Antiquité pour la transaction du rachat des personnes qui avaient perdu leur liberté, prisonniers ou esclaves. Ce mot illustre parfaitement la situation qui était la nôtre. Nous étions en effet, sous l'esclavage du péché, incapables de vivre selon la loi, celle des dix commandements, mais Jésus nous en a libérés en payant la rançon exigée. Son sang versé ouvrait pour nous la voie glorieuse de la grâce. Nous sommes donc maintenant pardonnés, justifiés, réconciliés avec Dieu et son sacrifice fait de nous ses enfants rachetés.

«Je sais que mon rédempteur est vivant» proclamait déjà Job (Job 19:25).

Jésus est le Rédempteur du monde !
Est-il le vôtre ? Car le salut n'est pas collectif, il est individuel …

Quelque 2000 ans après sa résurrection, Dieu vous demande solennellement :
« *Où es-tu ?* »

ÉPILOGUE

« JE REVIENDRAI »

Références bibliques

Jean 14:1,2,3 ;
Luc 17:20,24,26,28 ;
Matthieu 24:37,38,39

L e Seigneur connaissant sa mort prochaine dit à ses disciples :

*« Que votre cœur ne soit pas troublé. Croyez en Dieu, croyez aussi en moi. Il y a plusieurs demeures dans la maison de mon Père ... Je vais vous préparer une place. Et, lorsque je m'en serai allé et que je vous aurai préparé une place, **je reviendrai** et je vous prendrai avec moi, afin que là où je suis, vous y soyez aussi... »* **(Jean).**

***

« Les pharisiens demandèrent à Jésus quand viendrait le royaume de Dieu. Il leur répondit : Le royaume de Dieu ne vient pas de manière à frapper les

regards… car, comme l'éclair resplendit et brille d'une extrémité du ciel à l'autre, ainsi sera le Fils de l'homme en son jour… **Ce qui arriva du temps de Noé arrivera de même aux jours du Fils de l'homme.** Les hommes mangeaient, buvaient, se mariaient et mariaient leurs enfants, jusqu'au jour où Noé entra dans l'arche ; le déluge vint et les fit tous périr. **Ce qui arriva du temps de Lot arrivera pareillement.** Les hommes mangeaient, buvaient, achetaient, vendaient, plantaient, bâtissaient, mais le jour où Lot sortit de Sodome, une pluie de feu et de soufre tomba du ciel et les fit tous périr. Il en sera de même le jour où le Fils de l'homme paraîtra » (**Luc**).

***

« Ce qui arriva du temps de Noé arrivera de même à l'avènement du Fils de l'homme car, dans les jours qui précédèrent le déluge, les hommes mangeaient et buvaient, se mariaient et mariaient leurs enfants jusqu'au jour où Noé entra dans l'arche ; et ils ne se doutèrent de rien, jusqu'à ce que le déluge vînt et les emportât tous : il en sera de même à l'avènement du Fils de l'homme... » (**Matthieu**).

TABLE DES TEXTES